토마토 컵라면

씁쌀함이 가득한 토마토의 향기가
내게 여름을 알려주기 전까지 나는 여름을 몰랐다

차정은

목차

1부 푸른 태양

99	12
백야	13
여름 향기	15
푸른 개비와 비상	16
수확	17
끈적이 뒤덮힌 질주	18
1	19
2	20
영화 이야기	21
빛과 소멸하던 이야기	22
토마토 컵라면	23
불면	24
3	25
갈대밭과 암벽	26
빛깔을 담은 세상	27
화학실험	28

모래폭풍	29
사랑의 정의	30
우물 길을 따라 심박수를 걷어내고	31
묽은 빛과 황빛 안개	32
백사장	33

2부 붉은 항해

사랑과 부조리	36
토마토 소년	37
새까만 달동네	38
붉은 네잎클로버	39
4	40
환상통	41
토마토 레시피	42

식목일	43
사계(四季)의 꽃집	44
낭만 리스트 - 태양이 증식한 바다로부터	45
청춘을 맞이하는 자세	46
도어락 1126611	47
이야기 보따리	48
세상을 달리는 기차는	49
대멸종	50
인어 지킴이	51
미소의 희화화	52
별빛 주사위	53
어항별(魚缸彆) : 어항에 갇혀 맴도는 향기	54
일기 예보	55
태양계 증폭 사건	56
자두나무	57

너의 뮤즈	58
무지개를 새기는 방법	59
0	60

3부 빨갛게 빛나는 것들

나의 첫 번째 여름	64
값	65
꽤 당연한 여름 이야기	66
그루비 알사탕	67
용기 스티커	68
바다의 전신	69
여름과 토마토의 조화로움	70
한 그릇	71

1부 푸른 태양

99

돌아온 이 여름날에는 탁한 물내음만이 맴돌고 있네요
강가에서 비춰진 향기도 온몸에 스며든 태양빛마저 내겐 비극이었기에

맴도는 사계는 제자리만을 반복하고
나는 다시금 후회만을 곱씹으며 사랑합니다

백야

타오르던 불꽃처럼
아름답던 그날처럼

고요에 이끌려
풍덩

적막에 사랑을 남긴다

나의 세상이
온 세상이
너의 빛으로 뒤덮였다

어찌 그리도 하얀지
나와 당신의 틈에 갇혀
움직일 수 없었다

울부짖었다

마음을 담아
울부짖었다
형용할 수 없는 폭포에 갇혀

나의 신이었던 당신은

그리도
악독히

울부짖었다

여름 향기

빗물에 잠겼을 때에 세상은 녹물에 잠식되었다

새파랗게 물든 세상을 위로한 유일함은 새벽녘
그저 새빨갛게 물든 노을이었기에 덤덤히 황홀을 소리치며 당신의 붉은 사랑을 세상에 녹여 삼켰다

붉은 계절을 맞이하며
검은 세상은 증식하고 말라갑니다

건조한 세상을 돌아 삼키고 세상의 사랑들을 달여 마십니다

푸른 개비와 비상

사랑을 염원하던 너는 뜨겁게 달궈진 동굴에 들어갔지
지워진 단어를 위로하던 너는 빛나는 세상을 빚어갔지

그의 단어에 위로하던 네 마음이
어쩌면 허울뿐인 숨소리였던 것 같아

그럼에도 우리를 사랑을 계속하고
우유가 상해 녹아버릴 때까지

새빨간 열망이 우리를 잠식할 때까지
우리는 낡은 사랑을 할 거야

수확

경화된 색깔과 깊게 꽂혀버린 세상
흐려진 경계의 길을 따라 걸음을 옮겨 걷는다
아름다움을 배우고 느껴 화창이 비치던 기억을 다잡는다

꿈이었던 기억일까 뜨겁던 열기는 전부 거짓처럼 날아간다

나의 비극은 열매처럼 매달리고 추수의 계절엔 맑게 익어 떨어진다

밭을 일구고 달궈진 세상에 입을 맞춰
나의 전부와 사귀었던 일생은 달큰한 향기만을 남기네요

끈적이 뒤덮힌 질주

달려오는 숨소리를 잡아 삼키고 몸을 감싸는 계절을 거절하며 머무르는 마음을 견뎌내고 영원을 약속하는 계절을 껴안고 빛깔을 새겨듣고 미련함 세계를 뿌리치고
사랑을 약속합니다

그대의 숨결은 돌아가고 경화한 공기의 따스함을 돌아오는 식은 계절에 낭만을 심어주네요

겨울은 돌아올 것이고 여름은 식어가며 붉은빛 세상을 다듬습니다

영원을 조각하던 나의 마음은
더욱이 따스한 숨결을 쏟아냅니다

1

네가 서 있던 모래사장은 매번 어둠에 잠겨있었지
찬 공기가 가득한 우주를 바라보면 별을 수놓은 바다와도 같아서 함께 하늘만을 바라보았으니 말이야
새하얀 모래사장은 윤곽을 따라 스며든 햇조각들이 반짝이며 물결과 일렁이곤 했어

우리는 아름답게 사랑했을 거야 겨울이 빛내는 세상 아래 우리는 넘치는 사랑을 주고받았으니까

2

노을이 지고 있었나 그땐 제법 따뜻한 바람이 불고 있었지 아마 모래사장과 바다의 경계는 무료하고 붉게 물든 바다는 찰랑거렸어

너는 부뚜막 위에 올라 미동도 없는 낚싯줄을 보며 뭐 그리 기뻐 보였는지 몰라 그래도 추위를 나기 위해 걸친 옷들은 제법 겨울 행세를 도와줬다 생각해

영화 이야기

겹겹이 쌓인 이야기를 풀어헤쳐
책장 가득 쌓인 원고를 뒤집고 이야기를 일궈간다

우림을 창조하고 발끝이 닿는 세상을 만들어
감정을 안아간다

매끄럽게 펼쳐진 세상엔 주인공만이 가득하고 차가운 깡통마저 일부가 되어간다

흘러나오는 향기를 만들고 손끝의 감각을 창조하고 퍼 나른다

관객은 기립하여
새빨간 세상을 만들어간다

빛과 소멸하던 이야기

어둠에서 노를 저어
몸에서 떼어지는 각질이 느껴지고 틈을 막아내도 새어 나오던 여름은
사랑스런 향기나 났지

찰랑거리던 물살은 잊을 수 없게 아름다웠고
동화 같던 우리들의 뱃놀이는 태평양 한가운데서 멈출 거야
그렇게 마친 아침 인사와 뱃놀이는 푸른 녹물에 잠길 테니

바다에 목련 잎을 띄우고
가슴 울린 시련을 깨우고

운하의 기록의 열망에
가슴을 치이고 미어

너울 좋게 사랑을 흘렸어

토마토 컵라면

해변가 위 버려진 붉은 조각들은 빛이 나고
물과 맞닿은 금빛 모래들은 황빛의 풍경이었지

차갑게 물든 바다에 발을 담그고
낡은 의자에 앉아 뜨거운 물을 들이붓고

비집고 나오던 새빨간 열기들은
붉은 석류를 매달던 토마토 같았어

우리의 여름은 노을 진 추억이었고

푸르게 피어난 토마토가 붉게 익어 물러질 때까지
나는 그때의 향기를 비집기로 했어

그리도 열망하던 붉은 입자는
그리도 뜨거운 여름날에 사랑을 심어주고

불면

잠에 들지 못하고 고개 옆 반짝거리는 화면 속 빛들을 주시할 때
나는 너를 느꼈다

어둡고 축축한 세상에서 너를 맞이하며 살아간 나날이 아름답게 왜곡
되었다

오늘의 밤과 내일의 저녁이 다르다는 것은 이미 알고 있는 이야기일
뿐이고 나에게 깊숙이 새겨주지 않아도 이미 나는 알고 있다는 것을

종착을 약속하던 너에게 전했던 말들은
전부 사실이었던 이야기임을

나는 오늘도 잠에 들지 못하고
세상에 노랗게 물들 때쯤에서야
깊은 잠에 듭니다

3

해변에 쌓인 눈을 본 적 있냐며 내게 물었지 생각할수록 어색한 기분이 들었어 바다와 눈은 반대의 그림으로 그려지기 때문일까 바다와 맞닿으면 사라질 눈과 태양을 뜻하던 모래사장은 이 넓은 겨울에 뒤덮여 버릴 거야 아침에 눈을 뜨면 펼쳐질 모든 풍경이 잠을 이루게 만들어

차갑고 새하얀 세상이 반기는 아침은 그림 같은 절경일 거야

갈대밭과 암벽

조약돌이 가득했던 바다 말이야
아침의 물결이 칠 때면 눈부시게 반짝였고
저녁의 물결이 칠 때면 반짝이게 눈부셨잖아

바다의 윤슬이 그대로 보여질 때
그때만큼 아름답던 시간은 없을 거야

죽음 후엔 삶을 경험할 수 없으니
조건 없이 주는 감정을 남김없이 사랑하자

우리는 이리도 좁은 세상에 살고 있으니 말이야

빛깔을 담은 세상

열망하던 붉은빛은
나의 뜨거운 여름을 상기시키고

태양을 불러오던 민들레 홀씨는
금빛 바다를 소원합니다

겨울을 바라던 너에게는 뜨거운 빗물에 담가
미지근한 추억을 건네어줍니다

푸른 초원이 가득한 너의 모습은
세상이 세상을 달아오르게 만듭니다

우리가 건네는 사랑은
붉은 하늘에 열망합니다

화학실험

오색의 조개껍데기들의 속삭임

상처를 겹겹이 쌓아 올리고 암벽을 주워 조각한다
암벽을 쪼갠 부스러기는 조약돌이 되었고 또다시 부서진 조약돌은 모래가 되었다

까슬한 모래들은 모아 곱게 다져냈고
여름의 태양빛에 말려 연고를 만들었다

잊히지 않을듯한 상처에 올린 연고는 잘게 부서져

잊혀질 상처가 되었다

모래폭풍

태양 속 헤엄치는 질주
우리는 사랑을 이해하며 배울 거야
끝없이 실수하고 돌아가며
반복되는 사랑을 할 거야

금빛 안개가 쳐지고
습한 공기에 자극되어
끝없이 사랑할 거야

사랑의 정의

사랑을 했다고 말할 수 있을까
영원한 충성을 맹세한 너는 맹렬히 사랑했고

가벼운 입맞춤은 너의 손길이 전부였지

비극은 섬세할 뿐이니 깊이 생각하지 않을 수 있도록

그렇게
영원히
모두가

변치 않기를 바라

우물 길을 따라 심박수를 걷어내고

쇠뭉치 같은 정오에 모여 나눈 우물 길은 작고 침침했다
그저 붉어지는 볼에도
양 떼 같은 구름들도
모시에 박힌 자수처럼 반짝거렸다

들판에 만개한 꽃들은
색색이 아름다움을 펼쳐내고
앙상해진 고목나무는
팔십 년을 되감아 간다

갈라진 세상 속 틈새도
풀칠하던 모습이기에

울창했던 하늘은
고목만이 남겨졌다

묽은 빛과 황빛 안개

바다를 따르는 달빛
달을 따르는 물결
자전하고 공전하며 짙은 암벽을 깎아내린다

주어진 시간 속 제약이 남겨진 사람들을 옭아매고 뒤집어낸다
사랑은 사랑일 뿐이라는 옥백의 솜씨가 나를 옭아맨다
돌아오지 않을 사랑을 사랑하며 깊은 땅굴을 흩어맨다

세상의 중심축은 나로부터 우주와 발생하고
그저 그런 평화로움에 맞서고

치료해야 하는 삶을 충족한다

백사장

백사장이 사라진다는 뉴스를 본 적 있니

저녁엔 달빛을 아침엔 태양빛을 흡수하고 밟으면 반짝거리고 부드러운 느낌이 드는 그런 모래 말이야

지구의 온도는 뜨겁게 달궈질 거야
세상엔 주기마다 폭설과 폭우가 내리고

모래 위에는 먼지가 쌓여 칙칙하고 까슬거리는 모래가 될지도 몰라

아마 이번 주기에는 나의 사랑이 증폭할 거야

2부 붉은 항해

사랑과 부조리

다시금 기억하였을 즈음 잿빛의 하늘에 오라가 펼쳐졌다

문 틈새 들어오던 하얀 빛깔에 나는 홀린 듯 문을 젖히고
마주한 세상은 말없이 황홀한 색들을 내뿜고 있었다

아름다운 세상은 민들레가 피어있던 장맛날, 아름답던 바닷가는 내게
스며들어 청춘을 건네주고

미치지 못 한 사랑들은 바닥에 꽂혀 녹아 사라지고
그것이 내게 말한 사랑들은 그저 염원이었음을 깨우친다

토마토 소년

샛노란 햇볕이 들판을 감쌀 때, 곧은 아이는 땅을 판다

청춘을 담아 농사하며 낭만을 담은 열매는 맺어 툭 떨어지고
맹렬히 담은 사랑들은 빨갛게 물들어 든다

한 날의 청춘을 바친 붉은 사랑들은
푸르른 주파수를 찾아 떠나간다

새까만 달동네

발길 없는 세상은 별들을 수놓고
장작이 타는 소리는 탄내가 귀에 감기니

눌어붙은 새까만 향들이 물거품을 삼킨다

붉은 네잎클로버

사랑의 속삭임을 너는 들었니
불그스름한 향을 떼어 옷에 칠하고

새 옷의 향기가 무뎌질 때쯤
빨개진 옷들을 김 서린 낡은 세탁소에 맡긴다

걸음을 옮겨 걷던 땅바닥엔 붉게 핀 네잎클로버가 모여 있었지
나의 눈길엔 꼭 예쁘게 핀 하트 모양이었어

새빨간 하트를 똑 따서 책 사이에 고이 말려 네게 전했던 사랑은
앞으로도 길이길이 남을 거야

4

모처럼 사랑스러운 날이었어 날씨도, 시간도, 우리를 이어준 모든 것들이 참 아름답던 순간이야

네가 처음 이곳에 오자고 한 날 세상이 파랗게 물들어 있는 것 같았어 뜨겁게 달궈진 모래사장을 밟으며 뛰어간 작은 오두막은 우리의 세상을 숨 쉬게 만들어주었던 것 같아 숨통이 틔워진 우리는 발바닥이 따가워질 때까지 깊은 사랑을 할 거야

환상통

감정들은 찰랑거리며 느껴진 채
순간뿐인 모든 것들에 마음을 담아 아파하곤 해

나의 유일한 소망인 영원이 나의 끝머리를 장식하고
아름다운 세상은 코끝에 찡하게 감기는 달큰한 향기일 뿐이야

토마토 레시피

낭만 속 바닷물 20g
여름 한 스푼 50g
해변 속 뜨겁게 달궈진 조개껍데기 2개
갈대밭에 매달린 꿀 80g

마지막으로 뜨거운 사랑을 함께 8분 동안 구워내면

노을 진 들판에 홀로 남겨진 청춘의 토마토 한 송이가

식목일

우리의 매일은 항상 그런 날이었지

말장난에도
그저 그런 신호에도 반응하는 나의 모습이
상쾌한 공기와도 같아서

안전 구역이라 칭한 그곳은 거뭇한 숯 향이 가득해
그래도 그렇게 사랑하며 세상을 정화하니
그렇게 매일은 푸른빛이 가득한 것을

사계(四季)의 꽃집

지나친 꽃집의 향기는 무심히 넘겨버린 세상이라 그런지 자꾸만 오래
도록 기억되어 코끝에 맴돌 곤해

모두들 눈앞에 펼쳐진 아름다운 꽃들의 모습은 넘긴 채
인터넷 속 꽃말에 열광하곤 하지

우리가 맞대던 백합은 사랑을 말한 채
나의 순결은 우주에 보내고

그렇게 꽂힌 유리병은 값싼 유리일 뿐이니

청춘의 꽃말은
아름답다고 하니까

여름의 꽃말은 지나간 청춘이니 말이야

낭만 리스트
- 태양이 증식한 바다로부터

흑백의 세상에 샛노란 필름이 씌워진 듯

노랗게 상해버린 벽지와 이야기책들
그리고 버드나무 꽃

만지면 아스라질 듯 부실한 모든 것들이
손끝 마디 하나하나 사랑스럽게 스며든다

우리에게 남은 건 새빨간 여름뿐이잖아
종종 태양을 삼키고 마시고 넘기곤 해

작게만 울리는 따뜻한 음악은
여름을 알리는 알람의 소리 같지

청춘을 맞이하는 자세

예쁘게 포장된 사랑을 열어볼 때
우리는 서로의 숨결을 나눠 가졌어

꽃을 수놓은 편지지에 빼곡하게 적힌 단어들은
되짚을 때마다 사랑을 담아 보냈지

문 닫은 학교에 걸어둔 붉은 자물쇠는 걸어 잠굴 열쇠가 없어서 힘없이 매달려 있기만 했었지

우리의 청춘이 지나고 어른이 되었을 때

돌아보면 그 자물쇠가 결맞을 열쇠는 어쩌면

우리의 하나뿐인 순수였을 거야

도어락 1126611

문이 열리는 소리는 항상 낡은 소리였지

목수가 다듬은 문짝도
한 면의 상처일 텐데 말이야

그리도 예쁘게 조각하면
상처가 덧나지 않는 걸까

그래도 바닥의 쇳자국은
그리 억울해 보이진 않는 걸

이야기 보따리

문장의 첫마디는 이렇게 시작해
숙이는 명이를 사랑했더라

푸른 들판에서 뛰놀며 흰 눈을 맞던 서로는
영원했더라

그렇게 문장의 끝머리는 이렇게 끝나네
숙이는 명이를 사랑했더라

세상을 달리는 기차는

나의 세상에 온 걸 환영해

무료한 세상 밖으로
미치지 않은 나의 세상에 들어온 것을 환영해

토끼가 내리는 녹차를 마셔볼래?
키다리 버섯이 지키는 숲으로 떠날까?

세상은 온통 나를 위할 뿐이야
너는 나를 위해 휩쓸린 것을

환상으로 메꿔진 우리의 세상은 우리의 사랑은 오래오래 빛이 날 거야

대멸종

전등이 가득한 도시에 달이 툭 하고 떨어졌어
오르막길을 내리고 내리막길을 올라 데굴데굴 굴러다녔어 달이 지나
간 자리는 뭉툭이 문대졌고 사람들은 소원을 빌었지

달님
달님 세상에서 가장 예쁜 달님
제 소원을 꼭 이루어 주세요
제 사랑을 꼭 이루어 주세요
제 꿈들을 꼭 이루어 주세요

그렇게 사람들의 꿈과 사랑과 소원을 먹고 자란 달님은 지구보다 부풀
어 올랐고 세상은 그렇게 샛노란 달로 물들어 멸종하고 말았지

인어 지킴이

웃음이 가득한 해안을 마주쳤을 때 말이야
따끔거릴 만큼 넘치는 햇살과 대립한 미소는 나른한 사랑이 가득했어

잔잔한 파도가 일렁이면 날카로운 암벽 밑에서 화사한 너의 얼굴이 빼꼼 올라섰지

서로의 얼굴을 어루만지며 터져 나오는 웃음을 막지 못하곤
우리는 작은 소리로 킥킥하고 웃어댔지

내 손금에 남은 네 잇자국은 사랑을 말하지

우리는 어렸지만 어른의 사랑을 배웠어
우리는 어른이 되고 아이의 사랑을 하곤 해

미소의 희화화

반짝거린다는 말이 왜 그리 좋았던 것인지
텅 빈 마음에도 생기를 담아주고 서로의 온기를 느끼며 그렇게 앞으로 사랑하자

지구가 녹아 없어질 때까지 영원한 사랑을 말하자

별빛 주사위

별을 박아놓은 주사위는 언제나 푸른 별이 가득했지
하늘을 그렇게 반짝거리고 영원히 설레이게 만들어

햇볕 속 흐릿한 경계의 폭죽들은
밤을 만나 반짝거리고

별을 수놓은 듯 바다는 달빛에 일렁거려

흘러가는 모든 순간들을 사랑하기로 약속하고 우리는 그렇게 앞으로
영원히 오랫동안 열망할 거야

어항별(魚缸馤) : 어항에 갇혀 맴도는 향기

푹푹 쪄내려 가는 여름, 그리고 바다의 예쁜 파도 소리
네 잇자국의 푸른 향기를 작은 유리병에 담았다

비가 갠 뒤 청명한 날씨는 습한 소리를 맞이하곤 해
예쁘게 빛나던 소리를 악보에 그려가고, 담아낸 향기를 모으고

그렇게 예쁘게 피어난 향기들은 어항에 갇혀 소나기와 함께 맴돌아 사라져버리지

일기 예보

청명한 날씨를 알리는 알림 화면
하지만 짓궂은 날씨는 하늘에 번복할 뿐이고

화창한 공기는 눅진한 빗물에 휩싸인다
축축한 바람 따위가 햇님에게 말대꾸한다며 꾸짖어댄다

그렇게 오늘도 날씨를 알렸다

네가 피우던 담배 연기는 기분 좋아지는 단 냄새였지
너는 늘 그 달콤한 향에 취해 호흡을 삼키고는 했어

네 손끝의 달콤한 딸기향은 꽂혀버린 담뱃재일 뿐이고

태양계 증폭 사건

세상의 호수는 아름다우니 삶을 꾸리고 움막을 짓고 사랑을 뱉고 증오를 흡수하고 입김을 내뱉노라

지나간 흔적들에 빛나는 조각을 심어가고 자라난 태양을 수확하여 우주를 창조한다

사랑을 소리치고 소리치고
증오를 흡수하고 흡수하고

그때의 떨림은 진득이 전해져
조작된 떨림은 습하게 전해져

자두나무

일정히 박히는 날카로운 시계 초침과 새콤한 자두의 맛
일정한 간격은 집중을 말하고
자극된 간격에는 종이 울린다

냉기의 자락은 넉넉히 쫓아갑니다

어둑한 전율이 온몸에 솟구칩니다

새콤한 자두의 향이 입속에 퍼지면
지나갈 추억 속 모두를 사랑합니다

너의 뮤즈

떠나는 하늘을 보아 땅 끝 수면 위로 떨어져도
문 틈새 빛 자락만 바라보며 사랑한 것을

반짝이던 너의 눈동자는 나의 눈과 마주치고
네가 말하던 환상은 거짓과도 같았어

하지만 네가 달리던 발길질은
끝없이 멈추지 않고 숨 쉴 수 있을 거야

무지개를 새기는 방법

비가 개면 창틈 사이로 무지개가 들어오곤 해

네 조각으로 나누어진 무지개는 화사한 날씨를 예보하고
지구 반대편에 새겨진 무지개는 습한 날씨를 그려주고

하늘에서 보는 무지개는 동그란 원형 모양이야
우리의 세계에는 무지개의 절반밖에 보지 못하고

원형의 무지개는 나의 상상 속 무지개와 달라서
어쩌면 우리는 반절뿐인 무지개를 더 사랑할 뿐이니

그래도 우리는 일곱 빛깔의 무지개를 더 사랑하니 말이야

0

우리의 사랑에 막을 내리자 그렇게 모자른 추억을 네 곁에 보내자

기억나니 우리의 무의식의 처음이

가장 아름답게 정의할 수 있을 우리의 마지막에
새빨간 개나리꽃을 장식하자

3부 빨갛게 빛나는 것들

나의 첫 번째 여름

사랑을 말한다 했던 우리의 여름은 자유로운 배영과 같았다
숨 쉬듯 말하던 사랑은 닳고 닳아 낡아버렸고
우리의 언어는 더 이상 사랑이라 칭할 수 없었다

우리는 왜 우리의 숨결이 영원할 거라 생각했을까
당연하다 생각했던 모든 것들의 일부는 결국 찰나의 기억일 뿐인데
서로를 전부라 매료시켜 마법에 감긴 듯 영원을 뱉는다

매일을 사랑했던 우리의 헛됨이 사랑하지 말자는 후회도 늦은지 오래
추억이 잔뜩 묻은 우리의 흔적을 분리하자 수많은 감정이 쏟아져 나온다
우리가 말했던 사랑은 사랑이 아니었다는 것을

우리의 여름은 사랑으로 시작해 여름으로 끝났다
나의 첫 번째 여름에는 너의 전부가 스며들었는데 나는 이제 무슨 여름을
추억해야 하나

서로의 입안에 달콤한 사탕을 물려주고
마지막 흔적을 꼭꼭 씹어 삼킨다

값

안부를 묻는 인사 속에는 어떤 향이 감겨있나
뜨거운 더위보다 커다란 바구니가 해를 가렸다

우리의 삶은 떠돌던 빈손에 감겨 여름의 값이 매겨진다
길거리를 그리는 선들의 향연만이 삶을 밝게 비추고

아직 넘기지 않은 값이 작게 남아있다
구멍 난 편지들의 빈 조각을 찾는다

꽤 당연한 여름 이야기

여유로운 시간의 유리컵 안에는 얼음이 가득
창밖의 뜨거운 열기는 얼음의 테두리부터 천천히 핥아먹는다

뜨거운 열기 속에서 깨먹는 얼음은 아주 달콤하고 어지러운 맛
휴지 조각에 빼곡히 적힌 편지는 언제나 소중한 마음

뜨거운 열기가 지고 찬바람이 불 때면
핥아 사라진 얼음의 물기만 탁자 위에 가득
그 물에서는 뜨거운 공기가 느껴지지 않는다
딱 한 번뿐인 우리의 청춘, 우리의 여름

그루비 알사탕

귓가에 맴도는 달콤한 향기
크게 한 줌 쥐어 숨겨둔다

여름에게 묻는다
어떤 향을 품었는지

힘찬 리듬을 따라 거리를 걷다 보면
뜨거운 열기에 물든 난간이 보인다

우리의 태양은 색을 전부 뿜어 텅 빈 모양만 남았다
갈망하던 붉은빛은 어디로 떠났나

메마른 입가를 문지르고 커다란 알사탕을 한 입 베어 문다
터져 나온 단맛은 우리의 여름 한 줌

뜨겁게 타오른 달콤한 향들은 우리 여름의 전부와 같다
진득하게 발라두었던 붉은색 잔향이 태양을 그렸다

달콤한 단맛에 몸을 맡긴다
색 없는 태양은 우리의 곁에 남아있는 것을

용기 스티커

이겨낸 어제의 향기는 아슬아슬한 추억
사랑을 가득 담은 페인트를 여기저기 칠해댄다
페인트 향기와 무심한 사랑 내음

바람이 불었다
청춘의 청춘의 청춘의 사랑과
사랑의 사랑의 사랑의 청춘이
우리의 여름의 말

우리의 여름에 밤이 찾아온다면
서투른 사랑의 땅끝 속 풀 내음이 울린다
오늘도 이제 용기의 스티커를

바다의 전신

커다란 바다의 향기와 사랑
바다의 전신을 본 사람은 아무도 없다

여름의 사진가는 바다의 전신을 찍었다
그것은 거짓
바다의 전신을 본 사람은 아무도 없다

흘러버린 낭만의 줄기는 점점 거세져 커다란 호수가 되었다
호수의 깊이는 점점 늘어나 바다가 되었다
해가 진 바다의 풍경 속 향기는 날아가 무취의 바다가 되고
어두운 바다의 풍경 속 색채는 무색의 바다가 된다

행복이라는 언어를 주고받아
우리만의 바다를 그려간다

우리는 저 멀리 해변에 앉아 바다의 전신을 보았다
길게 뻗어있는 지평선 너머 바다의 끝자락을 우리의 풍경에 넣었다

여름과 토마토의 조화로움

대낮에 퍼지는 와인의 향기는 비린 토마토 향이 가득하다
깨끗하게 지울수록 따끔히 남은 토마토 향

매일 챙겨 먹는 비타민처럼 흐르는 땀을 따라 천천히 스며든다
뜨겁게 내리쬐는 여름 열기는 내 옆구리를 톡톡 쏘아온다

클릭 한 번에 이번 여름을 멋대로 정의하고
나의 여름에는 쌉쌀한 토마토 향이 가득

새빨간 토마토는 붉게 빛나는 태양을 연상케한다
빛난다는 언어가 가장 어울리는 음식은 단연코 토마토일 것
나의 태양은 언제나 새빨간 토마토가 잠식한 채

오늘도 내 접시 위에 놓인 토마토를 크게 한 입 베어 문다
터져 나오는 과즙의 향기는 대낮에 퍼지는 와인 향이 가득

한 그릇

유독 빛나는 우리의 여름 속 여행이 뜨겁게 다가온다
우리는 무엇을 잘못했는가

멋대로 엉망진창 사랑에 빠진 것
작은 얼음을 베어 먹은 것
취침 전 약을 챙겨 먹지 않은 것

매일 찾아간 여행지에서 만난 소중한 모든 것들을 소중히 담는다
구석진 골목에 자리 잡은 식당의 작은 스푼 하나
길가에 떨어진 전단지 거나 혹은 예쁘게 다듬은 조약돌일지도
빛나는 여행을 마치기 위해서 우리는 용서를 받는다

엉망진창의 사랑 한 그릇
베어 물지 않은 얼음 한 그릇
취침 전 약 한 그릇
이별의 한몫 전에는 커다란 여행 한 그릇을

더보기

1

대낮에 퍼지는 와인의 향기는 비린 (　　) 향이 가득하다
깨끗하게 지울수록 따끔히 남은 (　　) 향

매일 챙겨 먹는 비타민처럼 흐르는 땀을 따라 천천히 스며든다
뜨겁게 내리쬐는 여름 열기는 내 옆구리를 톡톡 쏘아온다

클릭 한 번에 이번 여름을 멋대로 정의하고
나의 여름에는 쌉쌀한 (　　) 향이 가득

새빨간 (　　)는 붉게 빛나는 태양을 연상케한다
빛난다는 언어가 가장 어울리는 음식은 단연코 (　　)일 것
나의 태양은 언제나 새빨간 (　　)가 잠식한 채

오늘도 내 접시 위에 놓인 (　　)를 크게 한 입 베어 문다
터져 나오는 과즙의 향기는 대낮에 퍼지는 와인 향이 가득

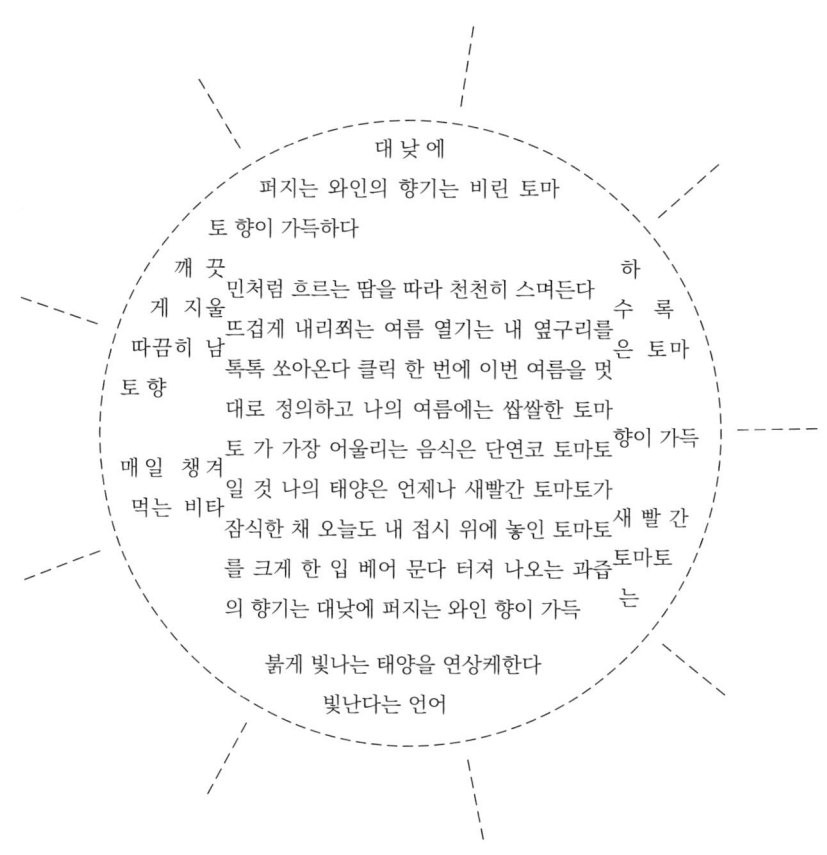

　　　　　대 낮 에
　　　퍼지는 와인의 향기는 비린 토마
토 향이 가득하다
깨 끗　　　　　　　　　　　　　　　　　　하
게 지울　민처럼 흐르는 땀을 따라 천천히 스며든다　수 록
따끔히 남　뜨겁게 내리쬐는 여름 열기는 내 옆구리를　은 토마
토 향　　톡톡 쏘아온다 클릭 한 번에 이번 여름을 멋
　　　　대로 정의하고 나의 여름에는 쌉쌀한 토마　향이 가득
매 일 챙 겨　토 가 가장 어울리는 음식은 단연코 토마토
먹는 비타　일 것 나의 태양은 언제나 새빨간 토마토가
　　　　잠식한 채 오늘도 내 접시 위에 놓인 토마토　새 빨 간
　　　를 크게 한 입 베어 문다 터져 나오는 과즙　토마토
　　　의 향기는 대낮에 퍼지는 와인 향이 가득　　는

　　　　　붉게 빛나는 태양을 연상케한다
　　　　　　　빛난다는 언어

2

낭만 속 바닷물 (　)g
여름 한 스푼 (　)g
해변 속 뜨겁게 달궈진 조개껍데기 (　)개
갈대밭에 매달린 꿀 (　)g

마지막으로 뜨거운 사랑을 함께 (　)분 동안 구워내면

노을 진 들판에 홀로 남겨진 청춘의 토마토 한 송이가

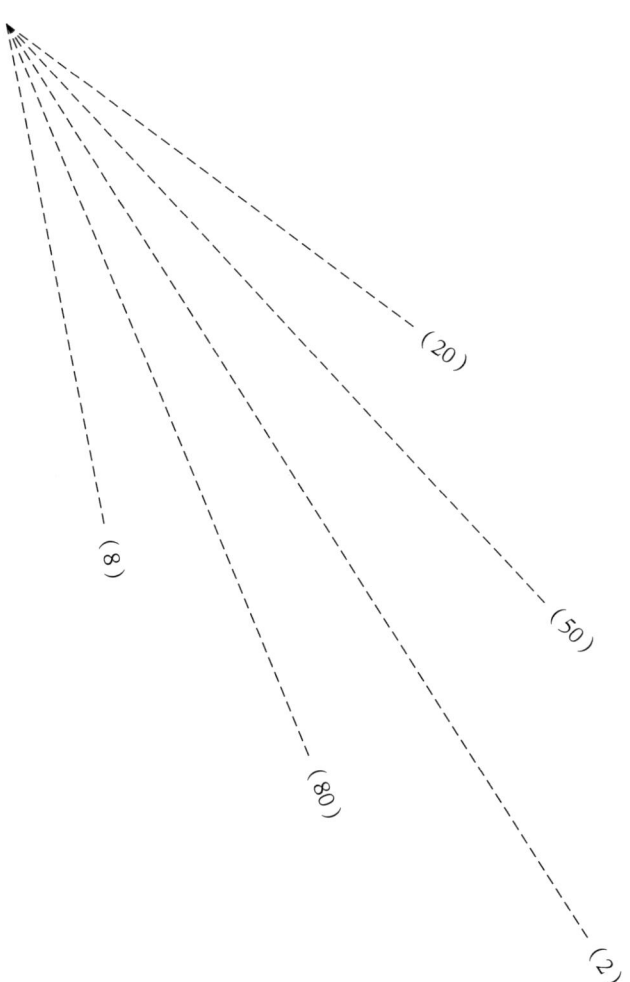

3

나의 두 번째-(✦) 엮음, 토마토 컵라면 마침.

물려주고 마지막 흔적을 꼭꼭 씹어 삼킨다 는 이제 무슨 여름을 추억해야 하나 서로의 입안에 달콤한 사탕을 름으로 끝났다 나의 첫 번째 여름에는 너의 전부가 스며들었는데 나

리의 여름은 사랑으로 시작해 여

이 쏟아져 나온다 우리가 말했던 사랑은 사랑이 아니었다는 것을 우

의 흔적을 분리하자 수많은 감정

헛됨이 사랑하지 말자는 후회도 늦은지 오래 추억이 잔뜩 묻은 우리

뱉는다 매일을 사랑했던 우리의

매료시켜 마법에 감긴 듯 영원을

의 기억일 뿐인데 서로를 전부라

던 모든 것들의 일부는 결국 찰나

라 생각했을까 당연하다 생각했

과 같았다 숨 쉬듯 말하던 사랑은 닳고 닳아 낡아

버렸고 우리의 언어는 더 이상 사랑이라 칭할 수 없었다 우리는 왜 우리의 숨결이 영원할 거

사랑을 말한다 했던 우리의 여름은 자유로운 배영

토마토 컵라면

초판 1쇄　　2024년 04월 08일
초판 11쇄　2025년 06월 26일

저자　　　차정은
펴낸이　　한건희
펴낸곳　　주식회사 부크크
출판사등록　2014.07.15.(제2014-16호)
주소　　　서울특별시 금천구 가산디지털1로 119 SK트윈테크타워 A동 305호
전화　　　1670 - 8316
E-mail　　info@bookk.co.kr
ISBN　　　979-11-410-7776-1

www.bookk.co.kr
ⓒ 차정은, 2024
본 책은 저작자의 지적 재산으로서 무단 전재와 복제를 금합니다.